La Petite Poule Rousse

une histoire racontée par Pierre Delye
et illustrée par Cécile Hudrisier

Didier Jeunesse

Voici l'histoire d'une Petite Poule Rousse.
Rousse de plume, rouge de crête et tendre de cœur.

Un jour, la Petite Poule Rousse trouve un peu de blé,
pas assez pour le dépenser mais suffisamment pour le planter.

Comme elle n'aime pas travailler seule ni être la seule à travailler, elle va voir ses trois amis pas loin d'ici.

Le canard fait la planche, le chat roupille au soleil et le cochon lit assis dans une flaque de boue. Ils ne sont pas débordés.

— QUI veut m'aider à planter ces grains de blé, s'il vous plaît ? demande la Petite Poule Rousse.

— PAS MOI, dit le canard, je n'ai pas le temps, je m'entraîne, moi !

– PAS MOI, dit le chat,
je n'ai pas le temps, je bosse, moi !

– PAS MOI, dit le cochon,
je n'ai pas le temps, je me cultive, moi !

– Tant pis, je comprends, répond la Petite Poule Rousse. Je le ferai toute seule.

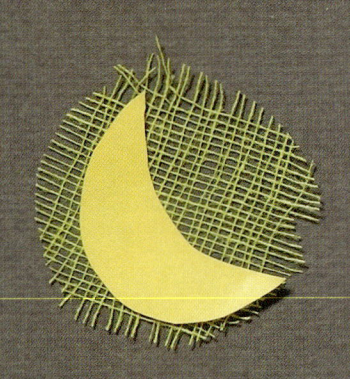

Le temps passe, le temps change.
Jour après nuit, soleil après pluie,
les grains de blé germent, poussent et mûrissent.

Ce matin, c'est le jour de la récolte.

La Petite Poule Rousse aime le partage du travail et le travail partagé, alors elle retourne voir les trois autres. Ils n'ont pas bougé d'une plume, d'un poil, d'une soie, elle leur demande :

— QUI veut m'aider
 à moissonner, s'il vous plaît ?

— PAS MOI, dit le canard allongé dans l'eau, pas le temps !

— PAS MOI, dit le chat allongé dans les airs, pas le temps !

— PAS MOI, dit le cochon allongé dans la boue, pas le temps !

— Dommage, dit la Petite Poule Rousse,
je comprends. Je le ferai encore toute seule...

Elle coupe, elle moissonne, elle récolte les épis...

et les met dans un sac qu'il faut maintenant porter au moulin.

La Petite Poule Rousse
qui aime le travail bien fait
et bien faire son travail en compagnie,
demande aux trois autres :

— QUI voudrait m'aider
 à porter le sac de blé au moulin,
 s'il vous plaît ?

Le canard, le chat et le cochon sont toujours plongés
dans l'eau, la sieste ou la lecture.
Ils lui répondent :

– PAS NOUS !
Tu vois bien que nous sommes débordés !

– BON ! dit la Petite Poule Rousse
qui commence à en avoir
par dessus la crête
de ces trois-là.
J'ai compris, je vais
encore le faire toute seule !

Elle va au moulin, attend son tour et revient avec son sac plein de farine.

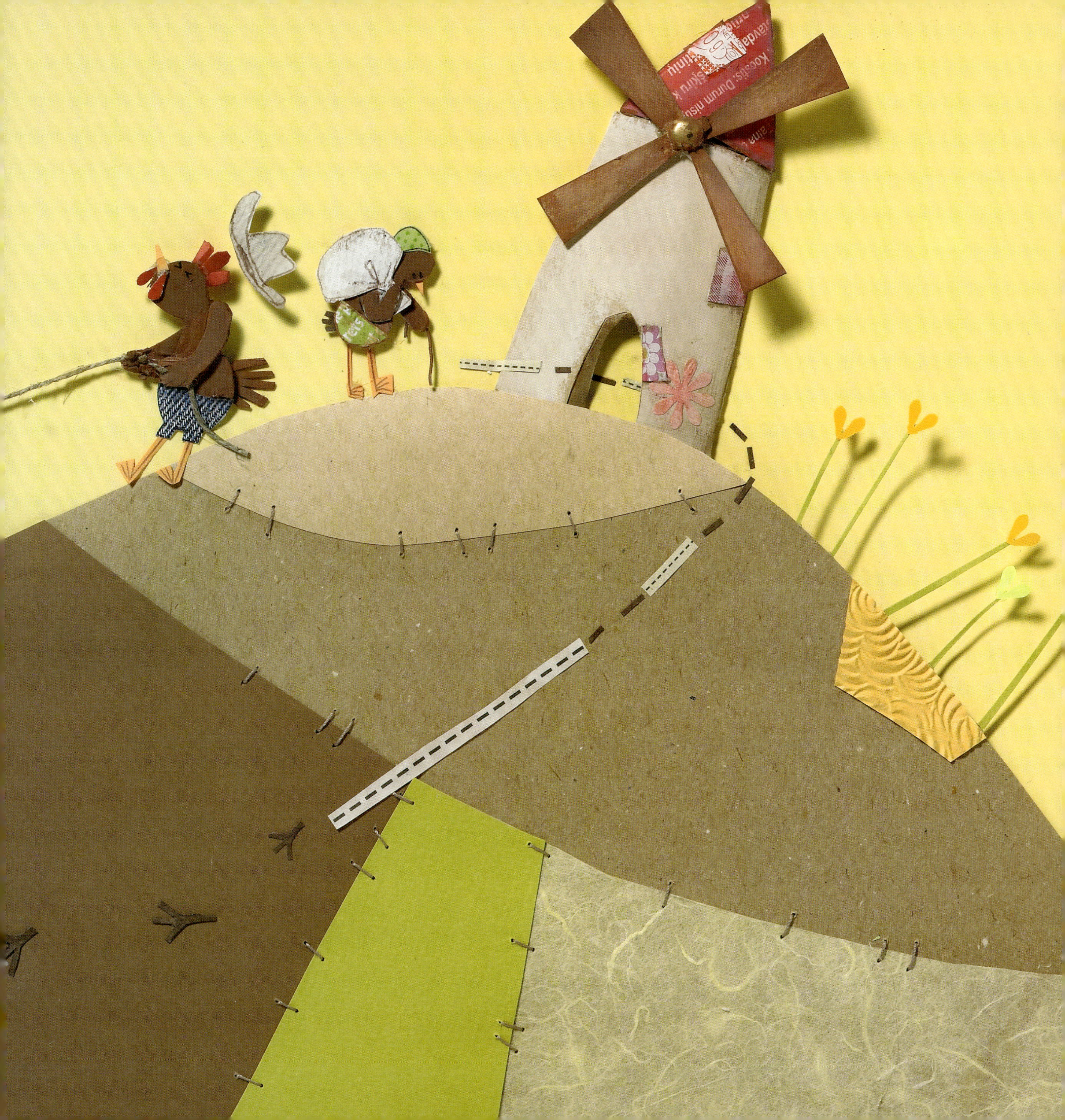

Elle va voir les trois autres :
— Je suppose que vous êtes trop débordés,
   trop préoccupés,
      TROP accaparés pour m'aider ?

Ils ne répondent même pas...

Elle rentre chez elle, claque la porte et prépare un gâteau.

Rien de tel qu'une petite douceur pour se consoler de la dureté des cœurs.

Dans le four, le gâteau cuit.
Sur son fauteuil,
la Petite Poule Rousse
rêve d'œufs et de poussins.

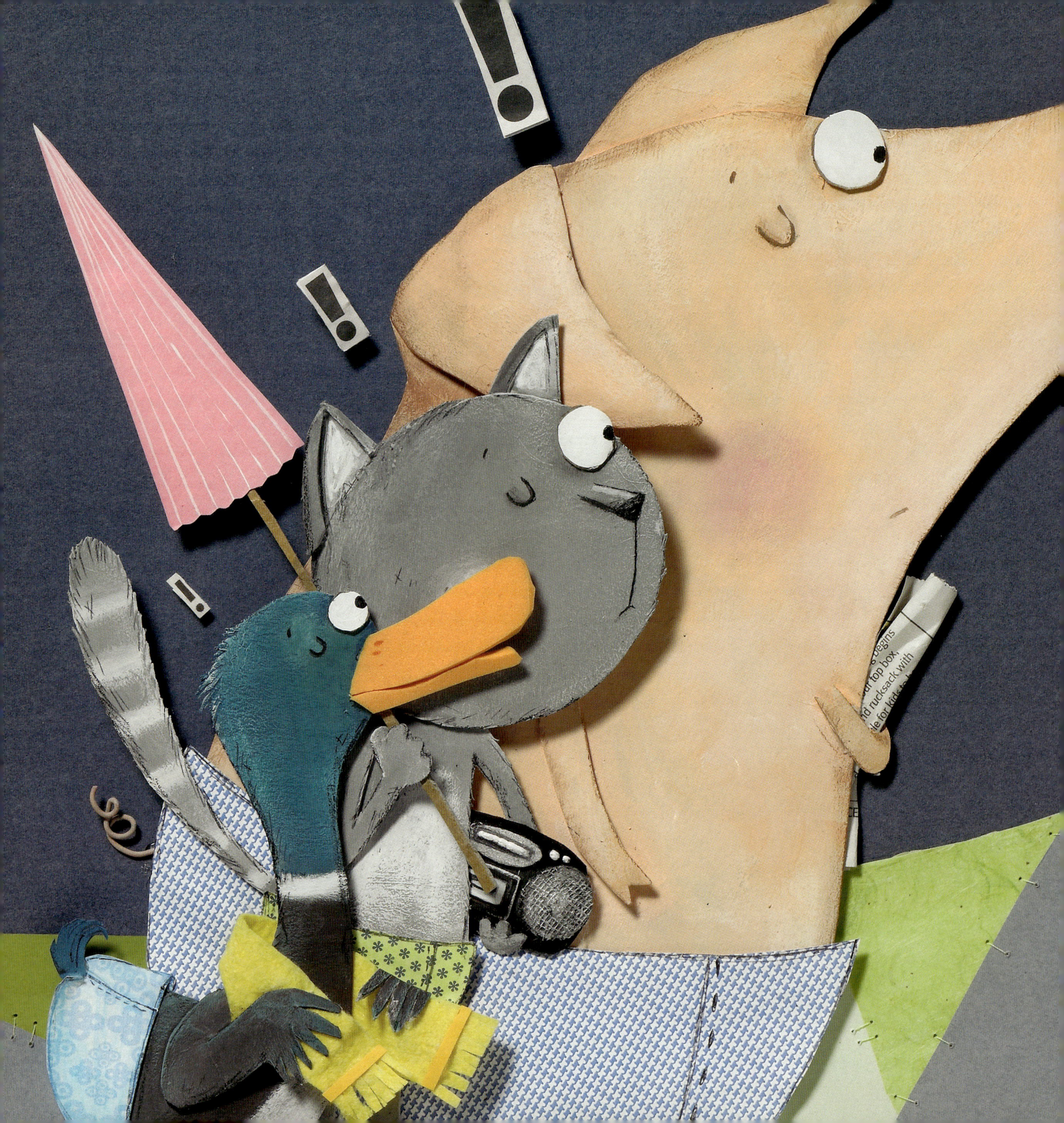

Dehors,
les trois autres s'arrêtent net :

une odeur délicieuse
leur rentre par les trous
du bec,
du museau
et du groin...

Comme le parfum du gâteau vient
de chez la Petite Poule Rousse,
ils décident de lui rendre une petite visite :
cela fait si longtemps qu'ils ne l'ont pas vue !

— Petite Poule Rousse, ce gâteau est trop gros,
nous sommes tes amis :
on peut t'aider à le manger.
Et puis...
c'est mieux de partager.

— VOUS AVEZ RAISON,
leur répond la Petite Poule Rousse.

QUI en voudra ?

– MOI, dit le canard,

– MOI, dit le chat,

– MOI, dit le cochon.

Alors, la Petite Poule Rousse découpe six parts les plus égales possible.

— Mais pourquoi SIX ?
se demandent le canard,
le chat et le cochon
qui essaient quand même
de repérer
les plus grosses.

La Petite Poule Rousse commence la distribution en disant :
— Ne vous inquiétez pas, chacun aura sa juste part.
En voici...
UNE pour celle qui a trouvé les grains de blé,
UNE pour celle qui les a plantés,
UNE pour celle qui a moissonné les épis de blé,
UNE pour celle qui les a portés au moulin,
UNE pour celle qui a cuisiné...

et la dernière, c'est pour MOI
qui vous ai supportés et qui ne l'ai pas volée.

Oh, quel dommage,
il n'y en a plus POUR VOUS !

Mais que voulez-vous, MOI, j'ai fait du partage équitable
puisque chacun a ce qu'il mérite !

Les trois sont repartis piteux et dépités.
La Petite Poule Rousse a savouré son gâteau.
Elle venait juste de déguster la dernière miette
quand on a frappé à sa porte...

— Bonjour, puis-je vous inviter à prendre un ver ?

On m'a raconté cette histoire avant,
c'était mon tour maintenant,
c'est le vôtre dorénavant...